당신의 행복지수

행복호르몬 3요소

당신의
행복지수

행복호르몬 3요소

문주일 지음

Second Best

Good Enough

Best Before

좋은땅

금번 행복샘연구소에서 '당신의 행복지수'라는 신간을 세상에 펼치게 된 것을 가슴 가득히 기뻐하고 축하를 보냅니다.

나는 지금 행복한가?

나의 행복지수는 얼마일까?

이 책을 읽으면서 제가 학위과정에서 다룬 행복에 관한 논문이 생각났습니다. 다시 저에게도 질문해 보는 기회가 되고 또한 제 현주소를 보게 되었습니다.

만약 여러분에게 위의 질문을 드린다면 어떻게 대답하시겠습니까?

20여 년 동안 심리상담연구소에서 수많은 내담자들을 만나면서 느끼는 점은 연구소를 방문하는 분들 중 부정적 정서, 우울, 불안과 강박을 호소하는 분들이 이전보다 훨씬 많아졌다는 것입니다.

이렇듯 행복샘에 고갈된 인생들에 맞게 저자는,

Second Best 최상보다는 최선의 삶,

Good Enough 자족, 긍정, 감사의 삶,

Best Before 유익한 삶

행복호르몬의 3요소를 통하여 누구나 행복하게 살고 싶어 하고, 더욱 행복해지기를 원하는 분들이 쉽게 읽고 습득하고 행동으로 실천해 나갈 수 있는 장을 마련해 주었습니다.

　행복은 마음에 있습니다.
　감사의 마음과 긍정 정서 그리고 자족의 삶의 태도는 진정한 행복으로 인도한다는 것을.
　이는 행복을 연구한 '마틴 셀리그만'과 '탈벤 샤하르' 등 긍정심리학자들의 연구에서도 증명되었습니다. 그러나 아무리 좋은 것을 알고 있어도 실천하지 않으면 행복을 경험하기 어렵습니다.

　누구나 편하고 쉽게 적용할 수 있는 행복호르몬 3요소를 통하여 마음에 고여 있는 부정적 정서를 씻어 내고 닦아 내어 어제보다 오늘 당신의 행복지수를 높여 가시길 바랍니다.

최정환심리상담연구소
소장 최정환

행복은 인격이다.

물론 인격자가 된다고 해서 자동으로 행복해진다는 의미는 아니다.

행복은 마치 그의 생명처럼 하나이며 그의 인격 속에 행복이 묻어 나 온다.

행복은 문화이다.

그의 인생에 풍기는 맛과 멋이 주위에 스며들어 새로운 가치와 문화로 어우러지게 한다.

행복은 공기와도 같다.

흐르지만 의식하지 않듯이 행복하면서도 그것을 깨닫지 못한다. 평온한 마음으로 신선한 공기를 마실 때마다 행복 물질 *세로토닌이 자신과 세상을 정화시킨다.

- Second Best 최상보다는 최선의 삶
- Good Enough 자족, 긍정, 감사의 삶

• Best Before 유익한 삶

　본서는 읽어 내려 가면서 자신의 현주소를 보게 하고, 마음속에
담긴 행복의 에너지로 새로운 출발을 할 수 있도록 도와준다.

* 세로토닌이란? 일명 행복호르몬이다.
　우리의 뇌에 적절한 세로토닌의 분비로 행복감을 느끼게 해 주는 신경전달
물질이다.

목차

추천사   004

프롤로그   006

Chapter 1

Second Best (최상보다는 최선의 삶)

획일성을 고집하면 열등감이 자라난다   017

인간의 우열 다툼은 본능적일까?   020

가장 중요한 것은 보이지 않는 인격이다   022

'기왕이면 다홍치마'라는 생각은 버리자   024

자존심보다는 자존감   026

주말만 기다리는 삶은 행복할 수 없다   027

진정한 사랑은 주고받는 것 이상이다   029

하루하루 최선의 삶을!   031

Chapter 2

Good Enough(자족, 긍정, 감사의 삶)

인생의 성공을 만드는 에너지는 마음 속의 행복감이다   039

자족하는 삶   040

행복은 환경의 차이가 아니라 마음가짐의 차이다   043

긍정의 삶   044

감사로 하루를 시작하라   046

감사하면 내 마음의 그릇이 커진다   048

넓은 마음으로 용납하고, 수용하라   050

우울한 태도는 시작부터 지는 싸움이다   052

삶은 오십보백보다   054

Chapter 3

Best Before(유익한 삶)

오늘을 아름답게 살 줄 아는 사람   060

경쟁의 가치에서 섬김의 가치로   062

당신은 오늘 죽더라도 사과나무를 심겠는가?   065

주어진 기회를 살뜰하게 사는 방법   067

   ◆ 기본기를 갖추라   067

   ◆ 자신의 가치를 계발하고 레벨을 높여 가자   068

   ◆ 받기보다 주기를 좋아하라   068

   ◆ 먼저 웃고 먼저 사랑하라   069

   ◆ 행복은 나의 있는 그대로 사랑받는 것이다   070

   ◆ 오늘의 느낌표를 잃지 말라   072

   ◆ 관계에서 행복이 온다   074

   ◆ 인생을 길게 보라   077

   ◆ 모든 만물에는 유효기간이 있다   078

에필로그   080

Second Best
———————
Good Enough
———————
Best Before
———————

Chapter 1

Second Best

(최상보다는 최선의 삶)

온 세상은 더 베스트(The Best)를 확보하기 위한 전쟁터이다.

1등과 2등의 차이는 과히 세계적인 우열을 갖게 하고 한 끝의 성적, 당락, 보수, 차별 등은 사람의 일생을 바꾸어 놓기까지 한다.

미국의 아폴로 11호가 최초로 달에 착륙했을 때, 3인의 우주비행사 중 닐 암스트롱이 세계 역사상 첫 발을 내딛게 되고, 버즈 올드린이 이어 두 번째로 달표면을 걷게 되었다.

마이클 콜린스는 일행 두 사람이 임무를 수행하는 동안 달 궤도를 도는 사령선을 잘 지키며 성공적인 역할을 감당할 수 있었다.

당시 암스트롱의 이름은 많이 알려졌지만, 같은 팀으로 두 번째 달 표면을 밟았던 올드린은 암스트롱의 1등 임팩트에 밀리는 위치에서 조명받지 못한 듯, 한때 그는 정신과 치료를 받은 적이 있다.

이후 두 사람의 인생을 길게 조명할 때 암스트롱은 유명세에 시달려 적극적인 활동을 하지 못하고 은둔 생활까지 했지만 Second Best였던 올드린은 직접 눈으로 본 우주를 홍보하고 연구하는 데 일생을 바치며 보람된 삶을 살고 있다고 한다.

이러한 예시에서 알 수 있듯이 1등이 되지 못한 Second Best도 더 나은 행복의 삶을 누릴 수 있다.

Second Best는 단순히 일시적인 성과에 집착하지 않으며, 어떤 상황에서도 인생의 장기적인 관점을 갖고 최고, 최상, 최선의 삶을 누릴 수 있는 성취감을 누릴 수 있는 것이다.

성경의 족장사에서도 에서가 먼저 태어났음에도, 동생 야곱에게 장자권을 빼앗기는 이야기가 나온다.

야곱은 '나중 된 자'였지만 형이었던 에서보다도 Second Best로 최종 승자가 바뀌는, '나중 된 자 먼저'의 사상으로 한 획을 이루게 되었다.

Second Best는 일시적인 성과에 매이거나, 1등에 주눅들지 않고 어떤 상황에서도 인생을 길게 바라보며, 최고이자 최상이며 최선의 삶을 누릴 수 있는 행복의 세로토닌이다.

물론, Second Best가 2등까지로 국한되는 것은 아니다.

3등, 4등, 심지어 꼴찌를 했다 하더라도 여전히 The Best로 살 수 있는 가치의 행복 요소이다.

이쯤에서 당신의 관점은 어떠한가.

한국인의 의식구조 가운데 경쟁 사회에서 자신이 현재 뒤쳐지고 또한 꼴찌임에도 불구하고 '나는 행복하다'라고 말하는 사람은 매우 드물다.

예전에 초등학생들에게 장래희망을 물었을 때 단연코 '대통령', '대통령'을 연호할 때가 있었다.

꿈은 크고 야무지게 가져야 한다고 어른들은 주입식으로 1등과 큰 것에 관심을 가지게 만들었다. 그래서 하다못해 어떤 차를 갖고 싶냐고 물으면 꼬리가 긴 기차나 지하철 운전수가 좋겠다고 대답하더라는 것이다.

여기에서 운전수를 폄하한다는 뜻이 결코 아니며, 눈에 보이는 것으로 결정하기 쉬운 우리의 표면적인 단순 선택을 일례로 든 것일 뿐이니 양지해 주기 바란다.

획일성을 고집하면
열등감이 자라난다

사람을 획일적인 조건으로 우열을 가린다면 행복 문을 통과하기는 어렵고, 퍽이나 많은 시간이 소요될 것이다.

'Life is not competition(인생은 경쟁이 아니다).'라는 말처럼 인생을 서열적 경쟁으로 몰아세우거나 자신도 그렇게 받아들인다면 행복을 누릴 수 없다.

아침에 거울을 보며 '나는 예쁘다'라고 말하고, 기분 좋게 출근했는데 점심때쯤 식당에서 자기보다 예뻐 보이는 사람을 보면 경직되고 열등감을 느끼는 것은 인간의 보편적인 심리다.

자신을 '세상의 유일한 나'로서의, 자긍심으로 살지 않으면 행복은 보장되지 않는다.

그래도 사람들이 거울을 보며 '이 정도면 나도 괜찮지'라고 생각하니까 살아갈 만하다고 하지 않는가.

눈송이 하나하나가 다르듯 조물주는 각기 다양한 존재를 창조했는데, 자기들끼리 미인대회를 열어 우열을 가린다면 창조주는 '웃기는 일 한다' 하고 못마땅해 하실 것이다.

우열을 가리는 것 가운데 운동경기는 0.001초 차이로 세계기록을 경신하는 이목 거리가 된다.

남자 100m 달리기 기록이 10초의 벽을 뚫지 못할 것이라는 전문가들의 예측이 끝나기도 전에 1968년 미국의 짐 하인즈는 멕시코 올림픽에서 최초 9.95초로 마의 벽을 뚫었으며, 계속되는 다른 선수들의 기록 경신을 넘어 현재 세계기록은 우사인 볼트가 2009년 수립한 9.58초다.

경기시간이 매우 짧지만 100m 달리기 결승전이 포함된 시간대의 입장권은 1인당 1,300불(약 169만 원)로 누구나 앞다투어 관람하려고 하는 종목이기도 하다.

스포츠의 기록경신은 해당 종목에 투자하면 할수록 얼마든지 신기록이 가능하다고 미래 학자들은 주장하고 있다.

세계적인 바둑기사 조치훈은 승리한 소감으로 이런 말을 했다.

'승리는 잠시 잠깐의 착각일 뿐 영원한 승리는 없다.' 한 사람의 한계가 지속적으로 유지되기는 어렵다는 의미일 것이다.

인간의 우열 다툼은
본능적일까?

특히 한국 남성들은 일단 통성명을 교환하면 으레 나이나 학번을 묻는 경우가 많다.

심지어 외국에서 처음 만나 인사를 나눌 때도 마찬가지다.

심리적으로 같은 커뮤니티 안에 지내게 되면, 나이 한 살 위라는 보이지 않는 우위를 선점하려는 인간의 본능일 것이다.

오래전, 우연히 유명 가수와 식사를 나누면서 자연스레 인기 차트에 관하여 진솔한 대화를 갖게 되었다.

그분 표현으로 금주의 인기 차트에서 한 계단만 내려앉아도 잠 못 이룰 때가 많다고 고백하는 것을 들은 적이 있다.

우열 다툼에서 한 등수만 떨어져도 불안을 느끼며 바둥바둥거린다면 행복은 쉽게 얻을 수 없을 것이다.

반면, 팀의 핵심 멤버가 아니더라도 Second Best 정신으로 팀의 승리에 기여한다면, 모두가 같은 행복을 느낄 수 있다.

오케스트라에서 지휘자 못지 않게 중요한 포지션은 콘서트 마스터라 불리는 악장이다.

일반적으로 바이올린 연주자가 이를 맡아 악단의 맨 앞 줄에 위치한다.

콘서트 마스터는 모든 단원들이 최고의 연주를 할 수 있도록 이끄는 리더 역할을 맡는다.

그래서 연주가 끝난 후, 지휘자는 콘서트 마스터에게 격려를 보내며 이에 관객들도 함께 갈채를 보낸다.

마찬가지로 축구경기 중 로빙볼을 띄워 줌으로 득점을 도와주고 배구 경기에서 토사의 역할 또한 볼을 만들어 스파이크하게 함으로 팀을 승리로 견인해 주는 Second Best로 진정한 승자라고 할 수 있다.

가장 중요한 것은
보이지 않는 인격이다

사람은 누구나 실패하면서 지혜를 배우고, 실수하면서 인격이 새로워진다. 성공한 이야기에는 거짓이 섞여 있을 수 있지만, 실패한 이야기에는 대부분 진실이 담겨 있다.

인격의 함양은 혼자서 세워 나가기 힘들고, 서로 도우면서, 실수하고 넘어지면서 협력을 배운다.

요즘은 유치원 교육에서도 우열을 가리는 시스템이 아니라 조별로 묶어 협력해 나가는 그룹 프로그램이 주류를 이루고 있다고 한다.

그러나 인격의 길이와 높이, 넓이를 통합적으로 세워 나가는 것은 매우 어려운 일이다.

부모로서는 자녀들에게 실패와 좌절을 경험했을 때 일어나는 법을 가르쳐 주는 것이 중요하다.

왜냐하면 자녀들은 부모와 30년 정도 함께 지내다가 짝을 만나 더 긴 50년을 살게 되는데, 자신의 인생에서 어려움과 실패를 극복할 수 있는 인격 기반을 쌓아야 하기 때문이다.

우리 인생은 좋은 일보다는 나쁜 일이 더 많은 것이 사실이다.

살아가면서 현재 웃을 수 있는 이유는 5년 전이나 또 그 이전에 힘든 고비를 이겨 낸 경험을 회상하기 때문일 것이다.

정작 파도치는 삶이 아름답다고 하지 않는가.

오늘의 어려움은 진정 훗날의 더 성숙한 인격을 세우는 좋은 재료가 될 것이다. 그러므로 인생의 길에 지금이 최상이 아니라고 푸념하지 말고 어떠한 상황에서도 최선의 삶을 통해 행복의 세로토닌을 만들어 내자.

'기왕이면 다홍치마'라는
생각은 버리자

우리나라 속담에 '기왕이면 다홍치마'라는 말이 있다.

좋은 것을 얻고도 잠시 지나면 만족도가 떨어져서 괜한 말을 하게 된다. 오죽하면 우리의 성을 '더'로 바꿔야 할 판이라며 우스갯소리를 하기도 한다.

조금 더, 약간 더, 더 나은 것을 바라보며 욕구를 과도하게 채우려 하다 보니 만족할 수 없다.

우리나라에서는 자녀를 결혼시킬 때 추구하는 조건으로 자기 자식은 기준점의 50%까지 낮춰야 하고, 맞이할 새 식구의 기대치를 70%까지 맞추지 않으면 성사되기 어렵다는 통설이 있다.

자기 자식이 한참 더 낫다고 교만을 쌓을수록 예식장 문은 점점 멀어져만 간다. 지인으로부터 딸의 결혼 과정에서 혼수 문제로 파

혼한 이야기를 들은 적이 있다. 예비신부의 아버지가 집에 간직하고 있던 롤렉스 시계를 예물로 보냈는데 상대 쪽에서 최신 롤렉스가 아니라며 파혼을 선언했다고 한다.

이런 의식구조가 매번 작동하면 기쁨과 성취감은 떨어지고 행복은 자리 잡기 어렵다.

자존심보다는
자존감

자존심 위주로 살다 보면 괜한 일에 상처받기 십상이다.

그러나 견고한 자존감은 쉽게 흔들리지 않으며, 타인에게도 긍정적인 영향력을 미친다.

자존심만 챙기는 삶은 Second Best(최선의 삶)로 행복에 이르기 힘들다.

하지만 안정된 자존감을 바탕으로 세워진 인생은 보이는 현상에 급급하지 않으며, 잘 조절된 인격으로 우열에 영향 받지 않고 행복 길을 걸어간다.

진정한 의미에서 인생의 행복은 자신이 느낄 수 있는 마음의 준비가 된 자만이 얻을 수 있는 축복이다.

행복을 누리려면 머리가 좋은 것보다는 열심히 하는 것이 더 중요하다. 궁극적으로는 즐기는 사람을 이길 수 없다고 한다.

주말만 기다리는 삶은
행복할 수 없다

평일은 바쁘다고 행복의 변방에서 지내다가 나중에 은퇴해야만 여유롭게 행복을 누릴 수 있다는 논리는 실현가능성이 희박하다.

그저 주말만을 기다리는 삶 행복할 수 없으며 은퇴 이후에 짜맞춰지는 모자이크 행복 또한 최선의 삶을 보장받기 어렵다.

'남들이 인정하는 나'가 아니라 나의 행복에 기준을 두고 나답게 사는 삶이 매우 중요하다.

엄밀한 의미에서 행복은 내가 원하는 것을 가지는 것이 아니라 내가 가진 것을 원하는 것이다.

잠시 멈추고 당신이 지니고 있는 축복을 헤아려 보자.

미국 방송 프로그램 아메리칸 갓 탤런트에서 골든 부저를 눌렀던

제인 마르크제프스키는 폐와 간까지 전이된 척수암 환자로 생존율이 2%밖에 되지 않았지만, 투병 중에도 밝은 모습으로 우리에게 도전하고 있다.

"인생이 쉬워질 때까지 기다리지 마세요. 내가 먼저 행복하기로 결심해야 합니다." 생존율 2%의 그녀는 Second Best가 아니라 The Worst Best(최악의 조건) 에서도 우리에게 행복한 미소를 보여 주었다.

진정한 사랑은
주고받는 것 이상이다

통상적으로 남녀 간의 사랑은 Give and take 형태에서 시작되어 무르익고 고백이 가능할 때 결혼으로 인생을 새롭게 출발한다고 볼 수 있다.

그래서 결혼 예식에서 "건강할 때나 아플 때, 형통이나 곤고 속에서 함께 하겠다." 이런 사랑의 다짐을 하고 인생 2막을 시작하게 된다.

그러나 진정한 사랑은 Give and take가 아니다.

진정한 사랑은 자기 몸도 돌보지 않고 상대방을 위해 희생까지 감수하며, 이러한 사랑은 죽음까지 이어지는 사랑이라고 할 수 있다.

세상에는 많은 부부들의 사랑이 소개되고 회자되지만 이러한 고귀하고 순애보적인 사랑은 흔치 않다.

인간은 속마음을 뜯어보면 다들 이기적인 행태가 깊이 깔려 있기 때문이다.

최고의 사랑은 남녀가 결혼해서 상대를 끝까지 사랑하며 죽어 가는 모습이라고 할 수 있다.

하루하루
최선의 삶을!

하룻밤 사이에도 많은 것이 바뀌는 시대다. 예상치 못했던 새로운 일들이 일어나며 이에 대한 도전과 응전이 이어진다.

하루를 의미 있고 풍성하게 살고 싶다면 일기 쓰는 것을 권하고 싶다. 가능하다면 하루의 시작점에서 일기를 쓰는 것이 좋다.

아침에 일기를 쓰게 되면 더 진취적이고 창조적인 결심으로 하루를 시작할 수 있고, 알찬 하루를 계획할 수 있기 때문이다.

반면에 하루를 마감하고 온종일 보낸 날을 반추하다 보면 자조적이고 반성하는 글로 패배감에 젖을 수 있기 때문이다.

자신의 고민과 두려움을 일기를 통해 털어놓음으로써, 어려움을 누군가와 나눌 수 있다는 것이 일기를 쓰는 축복 가운데 하나가 될 수 있다.

일기를 쓸 때마다 복잡하고 불확실한 삶 속에서 살아갈 지혜를 얻게 되고, 자신에게 다짐한 것을 자주 읽다 보면 세상에서 나를 알아주는 사람이 있는 것처럼 다감하게 와닿으며 자신을 응원해 주기까지 하는 '나를 위한 필독서'가 되어 준다.

가끔 지나간 글을 읽다 보면 자아가 발전해 간다는 사실을 느끼게 되고, 세상을 보는 시야가 넓어진다.

진정 최선의 삶을 살겠다는 결심서는 아니지만, 하루의 시작을 통해 주변 사람들에게 폭넓은 아량이 생기기도 하고, 직장에서도 도울 만한 대상이 보이기 시작함으로 값진 하루의 추수꾼이 될 수 있다.

Second Best

Good Enough

Best Before

Chapter 2

Good Enough

(자족, 긍정, 감사의 삶)

　　내 주변에 똑똑한 사람은 주로 인상을 쓰고 다니는 경향이 많지만, 반면 주어진 여건에서 자기 환경을 받아들이고 긍정하는 사람들은 더 행복하게 사는 듯하다.

　　1등을 사수하려는 사람은 항상 경쟁과 불안에 시달리는 반면, 주어진 조건 속에서 자신의 페이스를 유지하는 사람은 늘 안정적이고, 여유롭게 살아간다.

　　우리가 잘 아는 토끼와 거북이 경주에서 스타트가 좋았던 토끼는 교만에 빠져 낮잠을 자게 되었고, 거북이는 자신의 실력을 알기에 욕심부리지 않고 꾸준한 레이스로 승리를 거둬 행복의 골인점에서 여유롭게 웃게 되었다.

　　서양의 격언에서도 이를 지지하고 있는데 다시 음미해 볼 필요가 있다.

'Slow and steady wins the race(더디고 꾸준함이 승리를 거머쥔다).'

미국 한 대학의 일화를 소개하려 한다.

그 학교 교무 과장의 말에 의하면 학기가 시작될 때 기숙사에 입주하는 학생들은 좋은 방을 차지하기 위해 매우 경쟁적이었다고 한다.

전망이 좋은 방, 계단과 샤워실에서 멀리 떨어져 있는 조용한 방 등. 학생들은 각자의 취향에 맞게 더 좋은 방을 얻기 위해 서로 격렬하게 경쟁했다.

그런데 한 남학생은 4년간 8학기를 지내는 동안에 좋은 방은 남에게 양보하고, 가장 취약한 방을 선택해 지냈다고 한다.

교무 과장은 이 학생의 이름을 기억하며 장차 어떤 인물이 될까 자못 호기심을 가지고 지켜봤는데 마침내 그 학교의 총장이 되더라는 아름다운 이야기였다.

이렇듯 행복의 세로토닌을 스스로 발전시킬 수 있는 사람은 여유롭다.

매사에 '좋아요! 됐어요! 넉넉해요(Good Enough)!'라고 하며 자족할 수 있는 사람은 마음이 훈훈하고, 남들에게도 유익을 주며 산다.

꽃 한송이를 남에게 주는 사람은 자신에게 먼저 꽃향기가 묻어나오는 법이다. 이러한 삶을 살고 싶지 않은가?

인생의 성공을 만드는 에너지는
마음 속의 행복감이다

한 화가가 세상에서 가장 행복한 장면을 그림으로 담아 보려고 마차에 캔버스를 싣고, 행복이 깃드는 곳을 찾아다녔다.

해가 뜨는 경이로운 곳, 석양의 아름다운 해변가, 추수하는 농부들의 함박 웃음, 만선의 기쁨으로 귀가하는 어부들의 밝은 표정, 전쟁에서 이기고 승전가를 부르는 군대 행렬 등 그간 오랜 세월 그렸던 수많은 그림들을 안고 정든 집에 도착하는 순간, 세상에서 가장 행복한 장면을 발견하게 되었다.

다름 아닌 온 가족이 저녁 식탁에 둘러앉아 웃음꽃을 띄며 사랑의 애찬을 나누는 모습이 이 세상에서 가장 아름답고 행복한 모습이라고 선언하게 되었다.

행복은 가까이에 있다.

자족하는 삶

요즘 젊은이들 사이에서는 쿨하다는 표현이 보편화되었다.

성격이 까다롭지 않고, 시원시원하며, 소탈한 사람에게 '쿨하다'라고 한다.

매사에 쿨한 모습으로 사는 사람을 존귀하게 여기고 닮고 싶어한다.

쿨한 마음이 내면에 가득하면 어떤 상황에서도 자족하는 삶을 살 수 있다.

좋은 여건이든 나쁜 여건이든 'It's okay(괜찮아).' 하며 받아들일 수 있다면 인생 문제의 반수는 해결된다고 본다. 이것이 바로 자족의 삶이다.

60여 년 전 한국의 1인당 국민소득은 약 120달러였고, 지금은 3만 달러가 넘어섰지만 옛날이 훨씬 행복했다고 타령들을 한다.

이렇듯 행복지수는 외적으로 보이는 환경과는 전혀 다르게 나타난다.

오늘날도 경제지표와 상관없이 가까운 동남아 국가의 국민들은 행복지수가 높고, 마냥 더 행복해 보인다.

필자는 그들이 우리보다 더 행복하게 사는 모습을 현장에서 체험하면서 그들이 행복한 이유를 나름 3가지로 정리하고자 한다.

첫째는 어머니 중심(Motherhood)의 삶이다.

물론 한국 사람들도 어머니에 대한 극진한 사랑을 나누는 건 사실이지만, 옛날보다 더 잘살게 되면서 어머니와의 만남이 줄어들고, 핵가족 체제와 물질 문명의 부합으로 인해 어머니보다 더 혹하게 만드는 요인들이 많이 생기게 되었다.

반면에 동남아 사람들은 어머니 중심의 각별한 사랑을 근거리에서 나누며 삶의 에너지를 쉽게 재충전해서 살기에 더 행복하게 사는 듯하다.

둘째로 그들의 의식구조는 경쟁 사회로 만연한 우리들 같지 않아서 자신보다 처지가 더 나은 사람, 위치, 환경을 허황되게 바라보지 않는다는 점이다.

또한 종교적인 가르침 가운데 자기 위치와 주어진 여건에서 인생을 뛰어넘지 못하는 태생적 문화 유산에 기인한 점도 있다고 사료된다.

그래서 남을 볼 때 '너는 너, 나는 나'라는 마음가짐으로 큰 욕심을 부리지 않고 살기에 행복이 더 클 수밖에 없지 않겠는가.

자신보다 더 잘된 사람에게 초점을 맞추기보다는 타고난 자기 운명을 긍정적으로 받아들이며 주어진 환경에서 행복하게 지내는 것이다.

셋째로 자신보다 더 어렵고, 힘든 사람을 보며 살아간다는 것이다.

그들의 열악한 처지를 바라볼 때마다 긍휼한 마음과 함께 상대적으로 안정된 자신의 상황에 감사하며 행복감을 누리고 산다고 여겨진다.

행복은 환경의 차이가 아니라
마음가짐의 차이다

우리가 아는 대로 만족, 자족의 '족' 자는 발이라는 뜻인데 만족에서 '족'을 쓰는 이유는 '발목까지 차오를 때 거기에서 멈추는 것이 바로 완벽한 행복'이라는 뜻이라고 한다.

만족의 '족' 자를 보면서 행복은 욕심을 최소화할 때 비로소 얻을 수 있는 가치이다.

그저 발목까지만 따뜻한 물이 차올라도 온몸의 피로감이 가시고, 발만 시원해도 몸 전체의 열기가 빠져나가는 것 같은 시원함을 느끼게끔 해 준다.

종종 목까지 차오르고, 머리끝까지 채워져야 할 것이라는 욕심을 내려놓게 하는 의미 있는 단어라고 생각한다.

긍정의 삶

오래전 신입 세일즈맨이 연수 시간에 강사는 조그만 점이 박힌 흰 손수건을 펼쳐 보이며 무엇이 보이냐고 물었다.

대부분의 연수생들은 검은 점이 보인다고 대답했지만, 그중 한 사람은 흰색이 가득하다고 대답했다는 것이다.

훗날에 그는 가장 뛰어난 실적의 세일즈맨이 되었다고 전해 내려온다.

다른 사람들은 작은 검은 점에만 초점을 맞추는 반면, 그는 크고 넓은 흰 여백에 가능성과 희망을 보았기 때문이다.

이렇듯 자신의 결점투성이만 보는 것이 아니라 자신만의 장점을 극대화시키며 몇 갑절의 인생 기반으로 사는 사람이 행복하게 산다.

진정 긍정의 삶이 무엇일까?

긍정의 삶은 매사에 자신이 원하는 쪽으로 펼쳐지기를 바라는 태도가 아니라 이를 수용하고, 앞으로 힘 있게 그리고 설령 자신이 원하지 않는 반대의 결과가 나타났다 할지라도 이를 받아들이고 앞으로 힘 있게 나아가는 사람이 긍정적인 인생이다.

'안 된다', '안 된다' 하는 사람은 결국 안 되는 인생으로 끝나 버리지만, 안 되는 환경 속에서도 이를 수용하며 가능성의 빛을 보는 인생은 진취적인 인생길을 걷게 된다.

여기 헬렌 켈러의 금언은 언제라도 우리에게 힘을 주고 있다.

"고개를 숙이지 마십시오. 세상을 똑바로 정면으로 얼굴이 계속 햇빛을 향하도록 하십시오. 그러면 당신의 그림자를 볼 수 없을 것입니다."

"Keep your face to the sunshine and you cannot see the shadow."

감사로
하루를 시작하라

감사지수는 행복지수이다.

누구나 외국에 처음 도착했을 때 가장 먼저 익혀야 할 것은 그 나라의 '감사'라는 단어를 배우는 것이다.

감사를 표현할 때 서로 간에 마음이 흐르고 자신이 받을 분복이 넓어지기 때문이다.

작은 일에도 감사를 나누면 분위기가 밝아지고, 감사의 표현은 결국 자신을 위한 투자이기도 하다. 또한, 행복은 몸부림이 아니라 받아들이는 것이며, 느끼는 만큼 누리고, 누리는 만큼 나누는 것이라고 하지 않는가?

감사와 행복은 이웃사촌이다.

서양 격언에서 "행복은 언제나 감사의 문으로 들어와서 불평의 문으로 나간다."라는 말이 있다.

오늘도 풍성한 삶을 원한다면, 감사로 하루를 시작하면 된다.

우리가 아는 대로, 감사(thankful)는 생각(thinkful)에서 어원을 찾는다.

그저 멍하니 있으면 무료할 수 있지만, 뭔가 생각하고 그 생각을 펼치기 시작하면 구체적으로 감사할 일이 떠오른다.

아침에 눈을 뜨면서 '나는 감사하다', '나는 건강하다', '나는 행복하다'라고 표현해 보자.

이는 행복 길을 걷는 시발점이 될 것이다.

감사하면
내 마음의 그릇이 커진다

《흥부전》의 후편이 나왔다고 생각해 보자.

놀부는 당대에 잠시 행복을 누렸겠지만 후에는 피폐한 삶을 살았다는 내용과 함께 흥부는 물 한 바가지로 배를 채울 만큼 어려운 살림이었지만 하늘을 보면서 마음의 지경을 넓히고, 열심히 일해 당대에 심은 것이 많았을 것이다.

그래서 후편에서는 다른 인생 역전을 펼쳤을 것이라고 추론해 본다.

누가 이 세상의 부요한 사람이겠는가?

마음 가득히 '나는 부한 자다', '나는 가진 사람이다', '나는 누리는 게 많다'

이 부요 의식으로 가득한 사람이 실상은 큰 사람이고, 인생 부자다.

같은 여건, 같은 환경일지라도 행복의 비결은 감사로 내 의식을 넓히는 일이다.

식욕이 없으면 요리의 레시피를 바꿔 보듯 내 인생이 공허하고, 암울할 때 감사의 레시피로 바꿔 살면 인생에서 누릴 축복이 점점 커질 것이다.

넓은 마음으로 용납하고,
수용하라

사람은 감정의 동물이기에 교류하고, 부딪히면서 인격을 형성한다.

그래서 우리는 성숙해질수록 감정을 조절하며, 상대방의 약점과 단점을 수용하게 된다.

젊음이 좋지만, 젊음의 에너지를 잘 다룰 수 있어야 인생이 성공적으로 흘러간다.

마치 호흡을 하듯, 우리는 외부의 부정적인 감정을 마음속에서 순화시켜야 한다.

마음이 쉽게 폭발하면 장내 미생물이 건강한 상태에서 균형을 잃어버리고, 산성 체질이 될 수 있다고 하니 늘 조심할 일이다.

나이가 들수록 좁은 마음에서 넓은 마음으로, 편협한 마음에서 개

방적인 마음으로 변화되어야 한다.

큰 그릇에 작은 그릇들을 담을 수 있고, 큰 보자기에 잡다하게 널브러진 소품을 담을 수 있는 것처럼 미성숙한 인격을 용납하고, 수용해 줄 때 우리의 인격은 아름다워질 것이며, 결국 행복을 담는 그릇이 될 것이다.

우울한 태도는
시작부터 지는 싸움이다

인생은 싸움이라고들 하는데, 하루의 시작이 우울한 기분으로 출발하면 종일 힘찬 기운을 받을 수 없다. 처음 시작이 중요하다.

낯선 곳에서 개들이 만나면 서로 으르렁거린다고 한다.

이윽고 자신감 없는 개는 꼬리를 먼저 내리는데, 순간 상대방 개는 소리를 지르며 덤벼든다는 것이다.

사람과의 첫 대면에서도 으르렁거리는 모습이 아닌 밝은 모습이 느껴진다면 마음이 열리고 쉽게 하나가 될 수 있다.

미국의 영화 배우 리차드 위드마크는 처음 배우가 되려고 했을 때 외모가 출중하지 않았고, 탁월한 연기력도 없었다고 한다.

그날 심사에서 떨어지는 수순이었는데, 면접을 마치고 걸어 나가다가 뒤를 돌아보며 심사위원들에게 보인 백만 불짜리 밝은 미소 하나로 급반전이 되어 영화계에 데뷔할 수 있었다고 한다.

삶은
오십보백보다

인간의 삶은 거기서 거기라는 말이 있다. 부자나 가난한 사람이나 모두 하루 3끼 식사를 하고, 밤에는 잠을 자고, 일어나서 활동을 한다.

또한 감정 변화에 따라 몇 번씩이나 자신의 위치를 내리고 올리면서 스스로의 감정을 조절한다.

이 과정에서 안정과 불안정을 반복하게 되는데, 같은 상황이라도 긍정적으로 생각하면 긍정을 불러일으키고, 부정적으로 생각하면 부정적인 결과가 나오게 된다. 모든 일에 긍적적인 생각을 하고 그러한 삶을 살 때, 긍정 DNA가 행복의 세로토닌을 분비하게 되어 밝은 인생길을 걷게 해 줄 것이다.

Second Best

Good Enough

Best Before

Chapter 3

Best Before

(유익한 삶)

　모든 사람은 행복한 인생을 꿈꾸며 살다가 죽는다. 물론 사는 날 동안 희로애락이 교차하지만 후회 없는 삶을 살고 싶은 것이 인간 본연의 희망일 것이다.

　우리는 과거, 현재, 미래를 분리해서 생각할 수는 없겠지만, 엄밀히 말하면 어제는 역사고, 내일은 미스터리다.

　그러므로 우리는 미래를 걱정하면서 오늘을 살아가는 대신, 오늘을 의미 있고 즐겁게 보내야 한다.

　어떤 목적을 추구하며 삶을 살게 될 경우, 그 목적을 성취했을 때 그는 성공을 거둔 셈이다.

　그 목적을 향해 노력하던 도중 세상을 떠났다 해도 과정 자체가 성공이라고 할 수 있다. 이것을 과정으로서의 성공이라 부른다.

우리는 떠난 인생의 단면만 보고도 그 사람을 존경하고 아쉬워한다.

현실에서 영원한 삶은 존재하지 않는다는 것을 인정하며, 떠난 사람의 선한 업적 하나를 보고 그를 흠모하며 따라가고 싶어 한다.

오늘을 아름답게
살 줄 아는 사람

과거를 마냥 드러내는 사람은 자신의 공과를 드러내며 교만
해질 수 있다.

그런데 엄밀한 의미에서 인생은 오늘을 사는 것이다.

아무리 잘나가던 사람도 현재가 중요하며, 오늘만이 자신의 실존
을 지탱해 주는 버팀목이 될 뿐이다.

내일의 생명은 자의로 조절할 수 없는 것이 우리의 한계다.

어떤 사람이 점심을 먹고 속이 거북하고 통증이 있어서 자신의 승
용차를 직접 운전해 큰 병원에 도착했는데, 응급실로 옮겨진 후 몇
시간 만에 별세했다는 소식을 들은 적이 있다.

이것이 한낱 인생이다. 다른 설명이 필요 없는 우리의 모습이다.

그렇다면 이런 한계 속에서 한계 이상의 삶을 삶아갈 수 있는 태도는 무엇일까.

그것은 오늘을 과거의 연장으로 생각하지 않고, 오늘 하루를 가장 좋은 날로 맞이해서 살라는 것이다.

예술가들의 인생을 살펴보면 생전의 마지막 작품이 걸작이 된다 하지 않는가. 자신이 처한 오늘의 상황을 최상으로 맞이한다면, 분명 인생 작품을 남길 수 있을 것이다.

경쟁의 가치에서
섬김의 가치로

젊은 날에 열심히 일하며 돈을 벌다가 돌연 인생 시즌2를 시작한다며 하던 일을 그만두는 사람들이 있다.

가끔 우리는 자신의 10년 이후와 20년 이후의 자화상을 그려 보라고 도전 받는 경우가 있는데 이는 매우 중요하고 진지한 물음이라고 생각한다.

여러 부류의 사람들이 제2의 인생길에서 중천금 같은 대변화를 시도했다는 이야기를 듣는다.

의사로 30년을 일하다 그만두고 의료환경이 열악한 마을의 어린이들을 위해 아프리카로 떠나 자신의 소중한 재능을 필요한 곳에서 나누며 가치와 보람을 찾는 이도 있다.

이들은 섬김의 가치를 발견하고, 후대에 값진 유산을 물려주는 위

대한 사람들이다.

애플사의 초기 창립미션은 'Let's make the world a better place(세상을 더 좋은 곳으로 만들어 보자).'였다고 한다.

세상이 나로 인해 조금 더 좋아지고 있는지 스스로 묻고, 아내로서, 남편으로서, 직장동료와 이웃으로서, 자신이 현재 있는 자리에서 더 좋은 세상을 만들겠다는 시대적 사명을 가지고 가치 있는 삶을 영위해 간다면 세상은 달라질 것이다.

자녀들에게도 목적 있는 소명의식을 갖게 하고, 거기에 돈, 시간, 재능, 기타 필요를 채울 수 있는 작은 일들을 보람 있게 감당하도록 격려한다면 세상은 더욱 아름다워질 것이다.

미국의 릭 워렌은 구체적으로 이렇게 도전하고 있다.

'나는 왜 여기에 있는가(What am I here for)?'

'당신에게 주어진 것으로 지금 당신은 무엇을 하고 있는가(What are you doing with what you've been given)?'

나 자신이 유익한 삶을 위해 귀한 생명으로 태어났다는 의식을 갖게 된다면 작은 것일지라도 보람을 느끼며 감당할 수 있을 것이다.

이를테면, 청소부로 일하는 인부가 '나는 아름다운 우주의 한 모통이를 쓸고 있다'라고 한다면 이 얼마나 멋진 사명선언문인가.

　현대의 리더십은 참여하고, 섬기는 리더십을 강조하고 있다.
　행복은 미래에만 주어진 것이 아니라, 현재의 소명에 응답하고, 섬김으로 세상에 유익을 주는 삶 속에 내재되어 있다.
　역설적으로 들릴 수 있지만, '마지막에 웃는 사람보다 자주 웃는 사람이 좋은 사람이다'라는 말은 진정 맞는 말이다.
　오늘 할 수 있는 기회를 오늘 해내는 것이 지혜로운 사람의 처신일 것이다.

당신은 오늘 죽더라도
사과나무를 심겠는가?

시골마을의 한 선견자는 씨를 보면 땅에 심었다고 한다. 이를 궁금해했던 사람이 물으니, "씨는 심으라고 있는 것이죠."라고 대답했다.

우리 인생도 마찬가지로 무언가를 심기 위해 존재하는 것이다.

사는 동안 누군가에게서 필요한 것을 받게 되고, 그 받은 것을 남에게 주며 사는 것이 우리 인생의 현주소일 것이다.

영국의 윈스턴 처칠의 명언을 다시 살펴보자.

'우리는 받는 것으로 생계를 꾸리고, 주는 것으로 인생을 꾸린다 (We make a living by what we get, we make a life by what we give).'

우리는 얼마나 오래 살지는 알 수 없지만, 받은 것을 극대화시키고, 인생의 지평선이 보이기 시작할 때 누군가에게 남겨 주고 가는 것이 우리의 실상이다.

오늘 하루는 짧은 내 인생의 축소판이다.

오늘도 희망을 심어 보자. 롱펠로의 〈인생찬가〉를 읊조리며 하루하루를 새롭게 맞이하고, 기분 좋게 보내면서 행복한 노년을 바라보자.

'내게 말하지 말라 슬픈 곡조로,

인생은 허망한 꿈일 뿐'이라고

(중략)

화려할지라도 미래를 믿지 말고,

죽은 과거는 죽은 것으로 묻어 버려라.

행동하라 살아 있는 현재에 행동하라.

내 안에는 꿋꿋함 그리고 위에는 하나님.

그리하여 우리 일어나 행동하자 어떠한 운명에도 굴하지

말고 언제나 성취하고 언제나 추구하며 땀 흘려 일하고

기다리는 법을 배우자.'

주어진 기회를
살뜰하게 사는 방법

◆ 기본기를 갖추라

인생을 달리기로 비유한다면 기본기가 중요하다.

선수들이 자칫 슬럼프에 빠지면 기본 동작인 스텝부터 연습하듯, 인생에 숱한 어려움, 실패, 고통과 회오리가 몰아칠 때 기본기가 잘되어 있는 사람은 쉽게 일어서고, 다른 인생을 일으켜 세울 수 있다.

작은 기쁨에도 행복해하고, 작은 슬픔에도 반응하고, 함께 나누는 기본기가 필요하다.

그런데 감정을 억누르고, 표현하지 않으면 자신 속에 담긴 무의식 중의 주머니가 작동하지 않아 슬플 때 슬퍼하지 못하고, 기쁠 때 기쁨을 나누지 못한다고 한다.

♦ 자신의 가치를 계발하고 레벨을 높여 가자

아무리 자신이 가진 강점과 장점이 있다 해도 본인이 활용하지 않으면 쓸모없게 된다.

자기 발전을 위해 늘 주위에서 지지하고, 격려해 주는 울타리가 필요하다.

더불어 자신도 다른 이의 울타리가 되어 주는 상생의 견고한 인간관계가 필요하다.

♦ 받기보다 주기를 좋아하라

인생의 대부분은 주기보다 받기를 원한다.

하지만 받기보다 주는 것에 더 집중하게 될 때 인생은 더 성숙해지고, 넉넉함이 생길 것이다.

불평이 생기는 이유를 생각해 본다면 받으려고만 하기 때문일 것이다.

행복의 증거는 관대함과 관용이며 이로써 자가발전의 새로운 세로토닌이 생김으로 남에게 돕는 손을 펼칠 수 있다.

인간은 삶을 살아가며 대략 4천 명에게 영향을 미치고 또한 대략 4천 명으로부터 영향을 받는다고 한다.

내가 누군가에게 영향을 받은 좋은 점들을 통해 다른 사람들에게도 긍정적인 영향을 주며 산다면 세상은 점점 좋아질 것이다.

♦ 먼저 웃고 먼저 사랑하라

이 말은 행복 물질 세로토닌을 분배하는 좌우명이 될 수 있다.

오늘날의 각박한 현실 속에서 먼저 웃고, 먼저 사랑하는 일이 쉽지는 않다.

하지만 이 일을 하리라 하고 결심한다면 충분히 할 수 있다.

웃음은 언제 나오는가? 상대를 존중할 때 자신이 보낼 수 있는 최상의 미소가 나온다.

늘 주변에 웃음꽃을 피워내는 사람은 행복 메이커가 되어 어디에서나 환영받을 수 있는 귀한 존재가 된다.

그러므로 먼저 웃고, 먼저 사랑하라.

사랑은 보이지 않는 능력이고, 상대를 변화시키는 힘의 원천이 되기 때문이다. 먼저 손을 내밀고, 다가가면 마음이 열리고, 그곳은 행복 꽃밭의 정원이 될 것이다.

♦ 행복은 나의 있는 그대로 사랑받는 것이다

행복은 조건이 아닌 선택이다.

의식적으로 선택하는 것이 행복의 의미이다.

'Carpe Diem'이라는 라틴어는 '현재를 즐겨라', '현재를 잡아라'라는 뜻으로 알려져 있지만 원래 뜻은 '하루를 수확하라'에 더 가까운 것으로 알려져 있다.

수확하지 않아서 잃은 것을 발견하는 사람은 오늘을 최선으로 살아가는 지혜로운 사람이다.

그리스에서는 "걱정하지 말고, 지금을 즐기면서 사세요."라고 인사하면 "이미 즐기고 있어요(Already enjoy)!"라고 대답한다고 한다.

요즘에는 관종이라는 신조어도 있지만, 남에게서 칭찬이나 인정을 받아야만 행복하다고 느끼는 사람은 행복의 주도권을 가질 수 없다.

자기 스스로 정의할 수 있는 행복의 가치를 지녀야 한다.

타인에 의해 행복을 느끼는 사람은 마냥 행복하기 어려운 스타일이 된다.

　사람은 나름 민감해서 카톡사진에도 일희일비하기 쉽고, 감기 하나로 인생을 비관할 수 있는 나약한 존재라는 것을 알아야 한다.
　자기만의 행복 영역을 구축하면서 결코 남에게서의 평판에 행복의 색깔이 변하지 말아야 한다.
　작은 일에도 '좋다 좋구나'라고 기뻐하면 어느덧 행복 미소가 자연스레 체질화될 것이다.

　김영랑 시인의 표현을 음미해 보자.
　밤마다 뜨는 달을 바라보면서 마치 처음 보는 것처럼 '예전에는 미처 몰랐어요'라고 하다니 흠뻑 젖는 감동적인 표현이다.

　어떤 외국 할머니는 "나이 드는 것은 멋진 일이다."라고 말한다.
　어느 때보다 지금이 더 행복하다는 것을 고백하며 젊은이들에게 "나이 드는 것을 염려 말아라, 나이를 먹는 것은 생각보다 괜찮은 일이다." 하고 말하며 행복하게 자신을 나타내 보였다.
　그리고, 남은 인생의 세월 동안 "나는 꽃을 많이 보리라, 그중 데이지 꽃을 많이 보겠노라."라고 말하며 매일매일 도전하고 있다고 한다.

아시는 대로 데이지의 꽃말은 '희망과 평화(Hope and Peace)'이다.

♦ 오늘의 느낌표를 잃지 말라

우리는 먼 미래를 바라보며 순간을 즐기지 못하고, 금쪽같은 오늘을 허공에 띄워 버리는 경우가 많다.

이제부터는 하루를 시작할 때 느낌표를 찾아내는 습관을 길러 보자.

지극히 작은 것 하나에서도 발견할 수 있는 느낌표가 분명 있을 것이다.

오늘의 행복을 미루지 말자. 아침에 베푼 작은 친절 하나만으로 하루 분위기를 충분히 바꿀 수 있기 때문이다.

오늘, 현재, 지금이 중요하다. 현재 나의 행복지수는 5년 후의 행복을 연결시켜 주는 중요한 순간이 되기에 오늘을 붙잡아야 하고, 지금, 여기서 감동받는 느낌표를 잃지 말아야 한다.

오늘이라는 하루를 힘껏 사는 사람이 행복한 것은 당연하다.

마치 독수리가 창공을 힘 있게 날 때 강성 기류를 타듯, 자신의 무

거운 짐을 내려놓고, 올라가야 한다.

붓글씨를 잘 쓰려면 손에서 힘을 빼야 하듯 인생을 잘 살기 위해서는 무리수에 힘을 빼 볼 일이다.

또한 오늘 한순간의 기회를 잡고, 행복의 고공행진을 펼쳐 가야 한다.

자신에 대한 긍정적인 이미지를 떠올리며 희망과 기대로 날개를 달아야 순항할 수 있다.

하루의 시작, 아침 햇살은 보약과 같다.

밝은 햇빛은 마음을 착하게 만들어 주고, 자율신경계를 안정되게 함으로 새 활력을 불어넣어 준다.

늘상 오늘, 현재, 여기에만 집중하고, 온갖 걱정은 그만하되 최소한 줄이기라도 하자.

그리고 하루의 일정한 시간대를 예약해 놓고, 그 시간이 오면 몰아서 걱정하는 한이 있더라도 순풍에 돛을 달듯 하루를 행복하게 출발해 보자.

우리는 행복이라는 단어를 사용하는 데 익숙하지 않다.

이를 거창하게 여기기 때문에 지금 형편이 조금만 좋지 않아도 행복은 멀리 있다고 쉽게 단념해 버린다.

이제부터는 '행복하다'는 말을 '좋다'로 바꿔 보자.

그리고 큰 행복을 한 번 느끼는 것보다는 작은 행복들을 여러 번 느껴 보자. 이는 내 삶을 행복 나라로 만들어 가는 좋은 습관이 된다. 하루에도 수십 번씩 '좋다, 좋구나'를 연발하면 당신은 분명 행복한 사람이 되어 있을 것이다.

◆ 관계에서 행복이 온다

인간은 태어나면서부터 다른 사람들과 관계를 맺으며 살아간다.

스스로를 고립시켜 무인도에서 오랫동안 살아남기 위해 노력하는 사람은 온기가 없는 곳에서 버텨 내지 못한다.

친밀하고, 좋은 관계는 삶의 행복을 마련해 내는 기반이 되고, 칭찬과 격려를 받을수록 플러스 알파의 새 에너지를 받아 고고씽 할 수 있다.

인간은 사회적인 동물이기 때문에 교제하면서 자신을 알게 되고, 다른 사람으로부터 새로운 사실을 발견하게 된다.

우분트(Ubuntu)는 '우리가 있기에 내가 있다'라는 뜻인데 관계 속에서 한계와 가능성을 느끼게 되며 나아가 남에게 도움의 손길을 내밀 수 있다는 의미다.

　관계의 끈을 놓지 말자! 어머니의 품이 나이 들어서도 그리운 것은 어릴 때 누렸던 그 사랑의 관계가 아직도 생생하기 때문이다.

　그래서 어린 시절 어머니의 사랑을 받았던 행복한 기억은 어머니가 돌아가신 후에도 삶을 지탱하게 해 준다.

　우울하고, 낙심될 때도 지난날 느꼈던 행복의 현장으로 달려가면 나의 깨어진 마음을 다시 가다듬고, 앞으로 나아갈 수 있게 된다.

　그러므로 인생을 살아가면서 행복한 기억을 많이 만들라고 조언하고 싶다.

　인생길에 두려움과 불안은 우리의 행복을 빼앗는다.

　좋은 분위기에서 평생을 살아오며 감동받았던 행복의 순간들을 회상하며 10가지 정도 적어 보고, 왠지 울적하고 힘든 날에 그 행복 메모를 음미해 보자.

　그리고 삶이 힘들 때마다 나를 지지해 주는 친밀한 관계의 커뮤니티에 들어가 위로와 격려를 받고 새 출발 하자.

　좋은 관계는 정서적으로 뇌를 보호해 주며, 따뜻한 관계일수록 행복감을 증진시켜 주는 매개체가 된다.

반면에 고독의 감정은 행복감을 떨어뜨리고, 오랫동안 계속될 경우 뇌기능까지 저하시킨다고 한다.

신뢰할 수 있는 관계 속으로 들어가면 근심과 걱정거리를 해결할 수 있는 길을 쉽게 발견할 수 있다.

더 중요한 것은 자신과의 관계가 안정되어 있어야만 내 안에서 좋은 이미지가 생겨 남을 섬길 수 있기 때문이다.

그러므로 다른 사람을 많이 칭찬하고 격려해 주는 사람은 자신과의 관계가 건강한 사람이다.

이런 사람들은 자신 안에 좋은 에너지가 축적되어 있기 때문에 남에게 흘려보낼 수 있는 묘약이 준비되어 있다.

행복은 내일로 미룰 수 없다.

오늘의 가치를 붙들고 현재에 충실하며, 현재에 행복해야 한다. '어제의 태양은 오늘의 옷을 말려 줄 수 없다'라는 서양 속담과 같이 오늘, 여기에서 행복해야 한다.

미래에 사로잡혀 있으면 현재를 있는 그대로 볼 수 없을 뿐 아니라 과거까지 재구성하려는 마음으로 지칠 수 있다.

오늘 당신의 현장에서 인생의 활력인 행복 충전을 잊지 말라.

♦ 인생을 길게 보라

한 시대를 풍미하려면 긴 안목을 가지고 오늘을 살아야 한다.

그 집안이 잘되는지 몰락하는지 궁금하다면 같은 동네에서 오랫동안 살아온 노인으로부터 그 답을 얻을 수 있다.

인생은 한때 잘나가다가 풍비박산이 날 수도 있고, 초근목피로 힘든 세월을 살다가 부자 장자가 되는 경우도 있는데, 그 마을에서 장수한 노인만이 그 흐름을 알 수 있기 때문이다.

그러니 한 시절의 경점만 보고 그 사람을 평가할 수 없는 것이 인생이다.

그러므로 오늘 잘됐다고 교만할 필요가 없고, 지금 어렵다고 비굴하면 안 되는 이유는 인생은 긴 여행이기 때문이다.

인생길 어려운 사람에게 후의를 베풀고, 도와주는 사람은 행복을 심는 부요한 사람이다.

행복은 우리 인생의 목표일 수 없다.

그저 다른 사람에게 유익을 주고, 억울한 사람을 세워 주고, 누구라도 동등하게 존대한다면 그의 행복은 부수적으로 따라오기 마련일 것이다.

인생을 길게 보면서 행복을 목표로 삼지 말고, 섬김을 목표로 삼아야 할 것이다.

♦ 모든 만물에는 유효기간이 있다

요즘 생산되는 제품, 특히 음식물에는 유통기한이 새겨져 있다.

공산품이나 약에도 유효기간이 표시되어 안전과 건강지킴이로 자리 잡은 지 오래되었다.

물론 유통기한을 잠시 넘겼다 한들 이에 효과가 있고 없고가 결정되는 것은 아니지만 최적의 시한(Best Before) 안에 사용하도록 권고하는 날짜이기도 하다.

만약, 유통기한이 지나서 사용하는 아이템 중에 예를 들면 복용한 약의 효과가 나타나지 않았다고 했을 때 이 얼마나 후회막급하겠는가.

다른 예로 고급 필름이 담긴 카메라를 들고, 외국의 고귀한 풍물을 촬영했는데 장착된 필름의 유효기간이 지나 중요한 사진을 한 장도 건지지 못했다면 얼마나 안타까운 일인가.

유효기간 지난 필름은 아무리 찍어 봐야 실물 없는 깜깜한 결과만 보여 줄 뿐이다. 이와 같이 우리 인생도 마찬가지일 수 있다는 사실 앞에 새로운 자각이 있어야 한다.

우리 삶에도 엄연한 유효기간이 존재하며, 최적의 시기에 성취할 수 있는 일들이 분명 존재한다. 사랑할 때가 있고, 일할 때가 있으며, 아무리 시도하고 싶어도 기회가 지나가 버릴 때도 있을 것이다.

그리고 신체적으로 연로해 감으로 할 수 없는 날이 도래한다는 것을.

오늘 기식하고, 활동함으로 목적과 기쁨을 누리듯이 하루를 더 살아도 그 하루만큼의 유익을 줄 수 있다는 신념이 있는 사람은 최후의 순간에도 행복의 세로토닌을 만들어 낼 수 있다.

자연의 아름다움이 일출과 일몰 때 가장 빛나듯, 인생에서도 출생과 죽음이 가장 아름다운 순간이라고 생각한다.

그러므로 오늘 하루는 축복이자 선물이다.

눈을 뜨는 순간 환한 미소로 싱그럽고 가슴 벅찬 하루를 맞이하자.

행복이 저만치서 오고 있다.

고산지대에서 한동안 살아 본 적이 있다.

오후가 되면 매일 하늘 닿는 곳에서 구름이 움직이기 시작하고, 천천히 운무가 되어 내 창가에 어김없이 찾아온다.

신비한 세계가 열리고 불현듯 시야가 가리어지면서 가까이 손 닿을 듯 와서 인사를 한다.

온 대지와 함께 나를 지탱하던 기운이 어느덧 운무가 되어 비단 방석처럼 나를 받쳐 주고 저 멀리 하늘가에 올려놓는다.

행복은 이와 같다고 생각한다.

정녕 행복은 명사가 아니고, 현재 진행형이라고. 행복지수를 인간의 기준으로 셈하기엔 너무 아깝다.

그리고 이에 대한 수치는 부정확하다.

세로토닌 3요소를 적용해 인생 기반을 갖추고 새로이 출발해 보자.

새삼 자신을 점검하면서 취약한 부분을 보강해 나가자. 누군가에 의존적인 행복지수는 유지하기 어렵지만 진정 내 안에서 쌓아 가는 밝은 행복은 실로 견고한 산이 된다.

하늘에서 매일 찾아오는 운무처럼 당신의 행복은 누군가를 향해 아름다운 생명체로 호흡처럼 다가갈 것이다.

당신의 행복지수

© 문주일, 2023

초판 1쇄 발행 2023년 6월 12일

지은이   문주일
펴낸이   이기봉
편집   좋은땅 편집팀
펴낸곳   도서출판 좋은땅
주소   서울특별시 마포구 양화로12길 26 지월드빌딩 (서교동 395-7)
전화   02)374-8616~7
팩스   02)374-8614
이메일   gworldbook@naver.com
홈페이지   www.g-world.co.kr

ISBN   979-11-388-2020-2 (03190)